U0137436

长江小史

许倬云 著

湖南文艺出版社
HUNAN LITERATURE AND ART PUBLISHING HOUSE

博集天卷
CS-BOOKY

CONTENTS
目录

长江与我

———

长江于我，印象深刻。1933年，童稚之时，先父伯翔公由厦门海关监督转任湖北沙市荆沙关监督。第一次从厦门回到无锡，再从无锡转南京，经由长江到沙市区，那时我方三岁，记忆不清。四五岁以后，方才记忆：我们总是从无锡坐车到南京下关，登轮上驶，在沙市登岸。这段路程乃是上行，所以船速较慢。但是，水面甚宽，流速均匀，乃是比较太平的航线。

从南京下关上船，溯江而上，可以直达沙市，更往上行，可到重庆。这些轮船，虽然吨位不大，但还是比较舒服的。船在江中行走，通常靠左行驶。所以，左边看近山近水，右边看远山远水，甚有风味。

我们当年乘船，以轮船招商局的船只为主，而尽量不搭乘外籍轮船，因为父亲是中国的海关官员。当年招商局的船通常有三层甲板，客轮里面有百八十个房间。最底下的客房是地铺，价钱便宜，为一般商民所喜：自己带铺盖卷去，划一块地盘足够睡下，头靠墙、脚靠中间，有足够空间可用，还有一个小搁板放行李。吃饭时，船员提桶盛饭菜，放到统舱中央，供乘客分别取食。

甲板以上，大概分为三个等级：房舱、官舱和大餐间。房舱通常是两人一间的上下铺；更廉价者，就是四人房，内外都有门可以打开，通常对内过道开门，对外的门不开，外面窗子可以瞭望。

再上面，是一户一间的中式官舱，以及西式大餐间。大餐间和官舱都有餐厅，供乘客到时入座。官舱客房有中式双人床，有小孩的乘客还可以要求加铺。官舱里还有桌、椅、橱柜和洗脸架。

乘客用餐时，可以提前点餐，服务员会送来房间，也可以到饭厅就餐。饭厅敲钟，就表示可以去吃饭了。官舱的饭式都是中式，通常是三菜一汤或四菜一汤，口味相当不错。我们家当时住的是官舱，但是因为父亲在海军和海关系统工作多年，船长待我们向来很客气，还会邀请我们到大餐间。大餐间的饭菜是西餐，西餐味道其实不如中餐，要什么服务员都会给你，但是不能在客房用餐。

江行一路，两岸风光，如同拉洋片，从南京一直到沙市。更往上行，进入三峡，过峡要耗时一日，丰都以上缓水平流，一直到重庆。重庆是两江相夹的半岛，一边是嘉陵江，一边是长江：北岸的嘉陵江水清，南岸的长江水浊；在唐家沱清浊合流，就像"泾渭分明"一样。

那时候，从南京到沙市一路还没有桥梁。印象最深、风景最好的，是过鄱阳湖的湖口，可以看到一望无际的湖面：从长江流入大湖的，是缓和的水流。在我的印象中，洞庭湖比鄱阳湖大。冬日，分明可见五六条支流，平行流入洞庭湖，在湖口汇集为一片汪洋；及至夏日，则是一片汪洋，浩瀚无际，景色宜人。

舟行三峡，一路过滩，航程艰难危险。三峡里有五六处这样的险"滩"，每处皆是激流回转，声势惊人。滩中拐弯处，却常见静水平潭，青山绿水，两岸百尺垂

重庆朝天门两江交汇处

重庆是两江相夹的半岛，一边是嘉陵江，一边是长江；
北岸的嘉陵江水清，南岸的长江水浊；在唐家沱清浊合
流，就像"泾渭分明"一样。

藤，倒映江中，宛然是一幅幅青绿山水图。

我们坐的是现代"火轮船"，逆流而上，并无大碍。至于传统的木船，需要依靠数十位纤夫，共同拖拽船只上行。这一过程，甚为悲壮：先是将大木船上的货卸下来，放在中等的船上分批次转泊上去，大木船减轻重量后再由纤夫往上拉。

纤条是由一条条粗大青皮的竹篾编织而成，比壮汉的胳膊还粗，上面分别联结细软麻绳。数十位纤夫，每人背着联结纤绳的背带，匍匐前行。"纤头"是第一人，他要使出比别人更大的力量，还需要及时调整方向。这一行业是"世袭"，船上的舵主老师傅，也是世代师徒、父子承袭。纤夫俯身拖着纤绳，一路上行时，在沿路的岩石上挖出立足点。有时，还非得倚靠大的岩石助力，停靠一下再继续走。

纤头的工作，是判断何时何地可以稍停、转向，一路吆喝，发出信号。一条船逆流而上，有几千斤的力量，几十个纤夫将其拖上去不是简单的事。如果哪天其中一个纤夫失足，或者力量使用得不对而倒下，当场不知会有多少人丧生。白帝城有一个水神庙，遭了难的船夫、纤夫都在那里有个牌位，每一个牌位都是一个故事。

如今回想，当年神女峰的传说：早晨，当阳光铺洒大地时，霞光照颜，她默默凝视着年轻的船工在湍急的河流中拉纤；夜晚，她的眼泪化作天边的细雨，寄托了对沉船遇难者的哀思。就像宋玉的《高唐赋》说："妾在巫山之阳，高丘之阻，旦为朝云，暮为行雨。"我回忆这番故事，借此提醒大家，当年没有现代社会的苦楚，这些劳苦大众的生命，竟是如此代代存续，向死而生。

长江流经三峡，暗流所在，左右不定，并不一定在中央。但是三峡那几个滩，滩上滩下有好几尺乃至十来尺的落差。在两三百尺的距离之中落差十来尺，水流非常急，中间还有大岩石，喷着水雾，水声喧哗，气势惊人。船往下走的时候不需要纤夫，但是有一个拿着长杆的大师傅，船在急流下冲的时候，负责及时调整船的位置。白浪滔天，水势汹涌，起伏不定的船上，几位光身的船夫，风吹得汗浸的皮肤黝黑发亮。船头向前冲的时候，大师傅用长杆看似轻轻一点，其实需要千钧之力；

神女峰

早晨，当阳光铺洒大地时，霞光照颜，她默默凝视着年轻的船工在湍急的河流中拉纤；夜晚，她的眼泪化作天边的细雨，寄托了对沉船遇难者的哀思。

荆江

荆江上起湖北省宜都市枝城镇，下迄湖南省洞庭湖口的城陵矶，江流汪曲，自古有"万里长江，险在荆江"之说。从三峡口到九江一带，长江支流的水道都由许倬云先生的父亲负责，荆江大堤就是他帮忙修缮的。

二师傅、三师傅，这两个年轻人在后面紧贴着他，作为依傍——借力打力，船头挪一点点，就岔过险滩了。船头船尾都有长橹，不用带钩的撑杆时，依仗长橹在平流中推行。

我父亲在三峡有些地段，将水边的岩石炸掉，清出一条航道；然后将报废的轮船搁浅在上游，改装船上的蒸汽机发动转盘，绞动粗绳将小船拉上去，这种设置被称为"绞滩"。那时的木船和小货轮都不够力气，用轮船上大的绞绳一拉，就绞上去了；同时，船上还需要非常有经验的船夫掌握船的方向，他们在前面拿着篙，在后面掌着舵。这不但省了许多劳力，而且救了许多性命。

我的故乡无锡在太湖边上，江南多情江南雨，那里看不见死亡，看不到哀伤。长江是壮阔宏伟的，但长江决堤的时候，无数人被冲散，市镇被冲垮。我经历过两次大水，真是可怕，多少人被永远地淹没在冲来的大水之中。

一个是关于长江的记忆，一个是战争中难忘的恐惧，在我的生命中都很重要。自有记忆以来，它们占据了有关我在大陆生活回忆的相当大一部分。长江是我的生命中与故国联系最密切的地方，也是我成长过程中最不安定的地方。

抗战胜利以后，海军运送眷属复员的船只，将第一批军事单位和官员带回京沪。先父 8 月底就到上海，负责接收上海伪政府的港口管理机构，以及组织旧日在港口服务的引水员（港口航道导航员）、船只，筹备开港。作为海军眷属，我们在港口后面等了很久，最后，他们安排了一条报废已久的江轮接我们。这条晚清制造的小炮艇，坐了一百多人，还要将最后一批重庆定好的棉军服带下去。八年不走的航道，水流都变了，海军已经不熟悉长江的航道，结果就搁浅在湖北的黄石港。舰长心急，打算将船退出积沙，但是船首插入沙滩，越陷越深。后来，江汉关收到报告，派遣已经投降的两艘日本海军拖驳，才将搁浅的炮艇拖离流沙。

眼看几百个日本军人，传递着一桶桶煤炭，极其整齐有序。这一支降兵，败而不乱，纪律严明。战后日本经济建设，靠的也是这批军人的这股心气。那次搁浅足足六个礼拜，到南京后舰长因为"贻误军机"被枪毙。

那时候我已经十五岁了。当时母亲带着我和老九许凌云、表妹和姑妈，另外还有一位带亲的老人家，以及南方石家的孩子（他刚刚从缅甸打完仗返回无锡）。石景云是我爸爸的义子，与我们一样，排"云"字行。

搁浅的时候，当地的沙洲居民，临时用竹竿与油布，就地架设棚屋，应船上客人要求，烹鱼供客。当时的饮食，有活蹦乱跳的鱼虾、黄石港饼、油饭等。我们那艘船上，还常常有人搭渔船到黄石港，购买各种生活物品。因此，我也有机会非常细节地看到当地沙洲上百姓的生活。他们以捕鱼、种蔬菜和养鸭为生，或者从事短程运输和摆渡。一眼看去，满江都是渔船，沙洲上无数鸭子，这是太平年月的长江景象。

我们所乘的船比较高，但是再高也高不过河岸，所以只能看见一个个村落影影绰绰的屋顶，还有历历江树。沙洲很热闹，洲上还有长期居住的人家；他们的房子也很简单，就是由木板与竹子搭建而成，大水一来，很容易撤掉。他们日用的小船，则靠泊在沙洲间的内河上。

　　抗战胜利后回到无锡，我在辅仁中学念书，念了两年半，对江南风光、江南内地的情形以及无锡社会的情形都很熟悉。无锡出门就是上海，当时我父亲在上海管理港口的事情，所以父母在上海租房住。孩子们只有假期去上海，也不出去逛、不看电影、不游玩，所以对上海并不熟悉。我们住的是英租界极司菲尔路，离圣约翰大学比较近。房子前面靠街的草地有铁栅栏，门后草地分为三排。公寓房几乎完全一样：一楼是客厅及厨房，中间一个楼梯，楼上两间卧房；厨房楼上有一个洗澡间，在转弯处；再上面的三楼，还有两间房。

　　1949 年，我随二姐许婉清一家离开大陆，也是从上海出发。淞沪战役对上海城市的破坏，在十四年抗战期间修复了，战火的遗迹几乎被抹平殆尽，"四行仓库"至今犹存。外滩轮船很多，黄浦江对面是杨树浦，那里有江南造船所，隔壁就是海军船坞和旧海军总部，那是父亲当年任职海军参谋长时的办公地所在，已被日本人摧毁，只剩残迹。

崇明岛

也称作"崇明沙洲",地处中国最大河流长江入海口,是中国
第三大岛和最大沙岛。崇明沙洲形成至今有 1000 多年历史。

黄浦江的源头在天目山，分流二处：一部分进入钱塘湾，另一部分进入上海。这一形势与纽约相似：一条内江是港口航道，两岸都有码头；岸上是外滩，沿岸是延绵不断的商业区。

《万古江河》这一书名，也是内人曼丽的建议。我说：记忆中的中国历史像长江水，江流万古不息，中国是切不断、砍不断的"江河万古流"。曼丽就说："为什么不叫《万古江河》？"一下子就敲定了这个名字。

我非常盼望"大江入海"的时候，中国是辉煌的、光明的。抗战胜利了，我们从败亡中回家了，中国从此站起来，成为联合国安理会常任理事国……那时本以为，可以就此安心重建家园，收拾旧河山，让死去的亡灵得以安息。没想到转眼间又是内战。

现在回顾少年时，当时以为中国从此太平，大家可以过安乐的日子。谁知人世多变，我不禁仰首望天：天啊，天，你不会做天！何时开始，你才能让中国人过好日子？战争苦，吃亏的都是平头百姓。开国难，建国更难。这一大堆的建设，要多少计划？要多少人才？要多少财力？我愿同胞，保持沉着坚忍，千万不要以为灾难已经过去，灯红酒绿就在眼前。要知道：长江江流之中，每一处险滩，都可能令舟覆、使人亡。中国熬了几千年，处处有关口，处处要从灾难中站起来。眼前就是一个世界性的难关：中国担起世界建设大任一半的重担——我们不担起也不行，担起了就是一个大事！

第一章

富裕的长江流域

在中国人自己的看法里，西洋人将长江称为"扬子江"，其实是误会——长江，意味着"漫长的河流"，"扬子江"特指长江的最下游。"扬子"所指的这一地区，在长江口东南岸形成了冲积平原。江南地区实际上是一大片海埔地，包括许多河道、湖泊和浅滩：自古以来，稻米就是这里的主要农产品；养蚕和丝织业，也是这一地区的额外产业。

李济之先生在山西夏县，曾发掘到人工切割的半个蚕茧，时间为距今6000多年前。距今4200年前蚕丝业传播至长江流域，公元前10世纪在这里繁荣昌盛。

至于制陶业：在山东地区，新石器时代晚期的龙山文化制造的黑陶，器壁薄细而有光泽，质地优良。公元前15世纪，在邻近的太湖地区出现第一批上过釉的原始瓷器。

至于铸造业：今日铸造铁器的方法，大约在公元前

蛋壳黑陶高柄套杯

新石器时代龙山文化，其口径 12 厘米、内径 4.9 厘米、通高 16.9 厘米、柄高 13.2 厘米，1960 年山东潍坊姚官庄遗址出土，现藏于山东博物馆。泥质黑陶，漆黑光亮，巧妙的套杯组合形式。蛋壳陶杯壁薄如蛋壳，极轻极薄，采用快轮制作，器形更加规整和匀称。

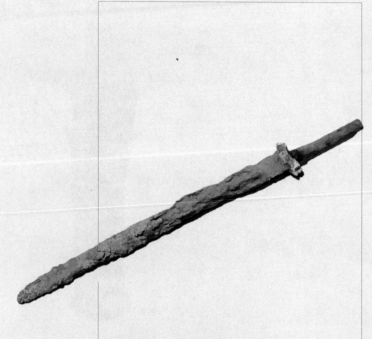

铜镡（xín）（格）钢剑

步战兵器，通长 38.4 厘米，茎长 7.8 厘米，1976
年长沙杨家山 65 号墓出土，现藏于湖南博物院。
其剑镡为铜铸，其余为碳钢。从剑身断面可以看出
反复锻打的层次，其含碳量约为 0.5%，是迄今发
现最早的钢制武器。

16 世纪就出现于中国；到公元 6 世纪时，江南的吴钩越剑，已是含碳量很高的金属兵器。这些实例说明，长江流域一带，除了号称"鱼米之乡"，也是精密制造业兴盛发展的地方。

2000 多年的发展，使长江流域成为中国最繁荣发达的地区。北方每次发生战争，不论外敌入侵还是国内动荡，这里都成了大批避难者的避难所。当北方政权面对外敌入侵被迫南迁时，他们必须保卫自己，逃避游牧民沿着河畔的追击。

值得一提的是，公元 1161 年的采石矶之战，就已经使用了火器：当时，虞允文率领的宋军部署的火器炸药——最初是为节日庆典准备的爆竹。当金人企图渡江时，宋军将火药转化为武器，投掷袭击入侵者的骑兵部队，并焚烧他们的战船。

肥沃的土壤和温和的气候，也吸引了许多有技能的移民前来。上述农业、蚕丝业、制造业和商业活动相互交织，形成了一个错综复杂的"繁荣经济网络"。公元

15 世纪到 20 世纪初，跨越明清两朝，600 年间，长江地区的税收收入占全国的一半以上。

经济的繁荣往往与交通的便利相关，四通八达的水路是本地区的主要通道。最迟从公元前 6 世纪到近 50 年前左右，河流、运河和湖泊相互贯通整个地区，形成了一个巨大的水路网络。我记得在我的家乡无锡，有一条河与前门的街道并行，而从后院也能一步登上一艘小船，然后可以随时转入其他河流，以至长江或海域。当地人讲笑话说：只要有条船，我们就可以去到中国的任何地方；只要换换船，我们兴许就能遍访世界各地。这些水路便利了人才和商品的流通，激励了工业生产和商业的发展与人们的创业精神。

上海从 19 世纪开港，如今已发展成为国际大都市，其繁荣的经济无愧于中国经济发展"火车头"的美誉：截至 2021 年，该地区国民生产总值占全国比重 3.8%。雄厚的经济实力，也提升了其政治地位。在历史上，不乏这样的情况：当北方遇到麻烦时，政府将迁往南方并在

长江流域建立政权。1911 年，以推翻帝制为目的的第一个共和国政权在长江流域建立。长江流域俨然成为中国吸收和传输现代文化的桥梁，而这一过程却因日本侵略战争被中断。

长江流域的生态环境，经历了巨大的变化，而今面临着严峻挑战。工业扩张侵占耕地、污染水源是常态，水道网络也被公路和高速火车所取代。截至 2022 年，长江流域总人口 4.6 亿，约占全国的 33%，成了自然资源的重负。三峡口新建的长江大坝，将江流拦腰截断，长江中游的洞庭、鄱阳两个大湖，因为失去水源，水域面积严重缩小，今非昔比。城市和工业污染使本地渔场数量锐减。城市的快速扩张为自然环境带来了巨大压力。然而，上海依然保持着中国经济发展的领军地位。

第二章

鄱阳湖与洞庭湖

鄱阳湖和洞庭湖，是 4000 多年前广阔内海的残存。这两大湖泊，汇集了发源南岭的长江各支流，蓄积于此；江、湖互相吐纳，调剂水量，泽及整个中部地区。长江北部最大的支流叫作汉水，连接着长江中部地区至黄河流域的排水系统。

驻足这两大流域的排水系统，举目可见：北边的黄河流域与南边的长江流域，其生态环境迥然不同，黄河流域遍地黄土，而长江流域则入目青翠。两大流域之间的文化差异，也显而易见。北部居民生活在黄土遍地的环境，他们的房屋由泥砖和夯土建成。而直到今天，长江流域的村落与农舍，竹篁掩映、林树围绕；许多家具、工具或餐具，仍大多为竹、木制品。

丘陵和排水系统，使长江中游成为生产大米和其他主要农作物的理想之所。考古发掘证实：国内最早的栽培稻，是在鄱阳湖和洞庭湖的沼泽地区，距今何止万年。

"湖广熟，天下足"，的确，长江中游大丰收，普天之下无饥民。

无数汇入湖泊的支流，形成了流往西南的河谷通道，便利北方人口南下。南北河道及其支流，纵横交错，在

早期水稻遗存

湖南道县玉蟾岩遗址中，早期陶器和水稻遗存的出现，再一次证明中国南方是水稻农业的发祥地。该遗址的发现为探讨陶器起源、农业起源等世界性学术问题，提供了十分重要的考古证据。

河谷和分水岭之间，犹如棋盘。2000多年来，源源不断的移民，逐渐充实江河地区。然而，山区腹地还有许多山谷溪流，养活了当年原始族群的后代。他们依然保留着自己的文化传统，尤其是在民间信仰和节庆习俗方面，常见旧日遗风。

长江及其支流交汇处的港口，开始促进国内的资源流通，同时也吸引了长江下游沿岸的对外贸易。这里比较重要的产业之一，是精细陶瓷制造业：当地丰富的高岭土储备和矿物质，是为陶瓷上色和上釉必不可缺的原料。当地制造的瓷器早在1000年前就享誉中外，景德镇和江西窑炉出产的瓷器堪称天下一绝，至今依然被认为是最上乘的工艺制品。

长江中游地区，是古代道教的发源地。道家和儒家思想交相辉映，成为中国哲学体系的两大支柱。道家的宇宙观和儒家的人文伦理，共同构成了中国文化的源头。许多重要的道教宗派圣地也分布于此。

青花牡丹纹梅瓶（元）

青花牡丹纹梅瓶，小口，丰肩，收腹，器身自上而下绘五层纹饰。肩上覆莲瓣纹，内绘八宝纹，腹部绘缠枝牡丹，下腹绘仰莲瓣纹。整件器物层次多，纹饰满，釉色青白，青花发色浓郁。现藏于景德镇中国陶瓷博物馆。

影青釉瓜棱盖合（宋）

影青釉瓜棱盖合，高 10 厘米，直径 9 厘米，分盖、罐两部分，按等分削成瓜棱，形似腰鼓，故名。唐代开始出现的一种实用器皿，用于盛装香料和粉黛。现藏于景德镇中国陶瓷博物馆。

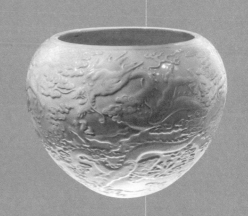

景德镇窑青釉云龙纹缸（清）

青釉云龙纹缸，高 45.5 厘米，口径 40.6 厘米，足
径 32 厘米。外壁纹饰系以"减地"技法雕刻而成，
翔龙四条，升腾起伏，穿梭于云海之中，下方有海
水一周，刻工犀利流畅，纹样生动而气势恢宏。通
体施青釉，釉面匀净滋润。现藏于上海博物馆。

第三章

三峡、水坝
与四川盆地

三峡之险，举世闻名：延绵300多公里的瀑布、急流和浅滩，使得这一地区的航运险象环生。长江从大巴山的岩石间流过，创造了这些白浪翻滚的峡谷；这一巨大的天然屏障，长久以来一直保护着四川地区免受外来侵略。整个四川地区，群山环抱，号为"天府之国"。天赐的温和气候和富饶的丘陵，使四川盆地自给自足：有大量天然资源，包括盐、铁、天然气、木材和农产品等。

　　如今，长江三峡大坝切断江流，目的是发电及便利内陆航运，至于灌溉功能，其实不多。大坝后狭窄的峡谷与延绵的水路形成了巨大的湖泊，船只经由闸机升降，通行上下。为了建造这一巨大工程，数以百万计的本地居民被重新安置。三峡大坝竣工多年，但关于这一巨大工程的利弊，依然是争论的话题。

　　诚然，大坝发的电被输送到周边地区，万吨级的大

船可通过闸门安全抵达重庆。然而，却也已有许多明显的迹象在警告我们：蓄积的巨大水量，可能会使两岸山脉被侵蚀和渗透，造成大坝蓄水的横决和破堤；大坝后方淤泥不断沉积，发电量也难免减少。凡此风险之外，万一有大型战争发生，敌方核弹破坏水坝，则亿万吨的洪水溃坝泛滥，冲击下游。如此情形，万一不幸成为事

都江堰始建于 2200 多年前，设计独具匠心而且实用高效：自古至今，运作如常。都江堰将长江的支流，分散到广阔的盆地，灌溉肥沃的耕地。

三峡大坝

如今，长江三峡大坝切断江流，目的是发电及便利内陆航运，至于灌溉功能，其实不多。大坝后狭窄的峡谷与延绵的水路形成了巨大湖泊，船只经由闸机升降。

瞿塘峡

瞿塘峡又称"夔峡"，包括风箱峡和错门峡。西起重庆市奉节县白帝城，东至巫山县大溪，长8千米，为三峡中最短而又最雄伟的峡谷。

峨眉山金顶

位于峨眉山金顶顶峰的华藏寺又称"永明华藏寺"，
华藏寺创建于公元 1 世纪，应为峨眉山最早的寺
院之一。寺东面的悬崖壁下，每当云雾相交，会出
现奇妙的金顶祥光，即峨眉宝光（佛光）。

实，对于下游地区和周边地区而言，其灾难之巨大，无法想象。

在四川盆地上游，发源于青藏高原的水域，汇集到了一个古老的灌溉工程，即都江堰。四川盆地坐落在西南山区和西北的黄土高原之间。当北方遭遇战乱时，这里既是避难者的天堂，也是南下移民的歇脚之地。

大约 2000 年前，佛教和道教两大宗教就是在这里生根发芽，孕育当地众生的。这里残留有许多宗教活动的遗迹，如岩石和洞穴雕刻，以及由整座山腰雕刻而成的乐山大佛。被誉为圣山的峨眉山和青城山，都曾是佛教和道教的活动中心。

四川地区连接峡谷间的陡峭悬崖上，至今还可以发现一些在岩壁上凿山成路，以木板铺成的狭窄栈道。这些偏远山区，现在还居住着许多与世隔绝的族群，他们仍以自己的传统方式生活。

我永远记得都江堰，盛满鹅卵石的简单竹制"蛇笼"，

乐山大佛

乐山大佛位于四川省乐山市，通高 71 米，是世界上最大的石刻佛像，是全国重点文物保护单位，被列入《世界遗产名录》。

古代栈道

四川的偏远山区现在还居住着许多与世隔绝的族群，他们仍以
自己的传统方式生活。如今，这些可号称"工程奇迹"的古迹
正在被高速公路和高速列车所取代。

阻拦来自长江青藏高原支流的融水。最奇妙的是，水流
过坝，而原来上游的积沙，却是飞越堤坝，留积在两水
相间的沙洲上。这一古老的灌溉体系，如此简单质朴，
与自然和谐统一，有效地防治了洪水，也排放了积水，
滋润成都平原的稻田。

茶叶、梯田与香格里拉

第四章

长江之水从源头奔流而下，流经藏区和云南。长江的上游，乃是金沙江。与之并流的，还有其他两条河流：澜沧江（下游称为湄公河）和怒江（也叫萨尔温江）。三江并流，由北向南，流经云南省中部后才改变流向：怒江进入缅甸，湄公河流入泰国，金沙江先向东北弯道，在攀枝花形成一个大弧，最后汇入长江主流。

　　这三条河流经的"纵谷"，成了一个连接西北牧地和东南亚热带地区的通道。这条山区通道，可能是早在2000多年前，中国与印度之间唯一的贸易路线，乃是联通中国和中亚，互通有无的"南方丝路"。这条走廊穿越崇山峻岭，便利了中印之间的物资流通，输出中国商品，带入中亚货物。即使在今天，这条被称为"茶马古道"的通道仍然发挥着重要作用，体形较小的滇马，将云南生产的砖茶，输送到印度，或者北方的牧地。当然，这

茶马古道

即使在今天，这条被称为"茶马古道"的通道仍然发挥着重要作用，体形较小的滇马，将云南生产的砖茶，输送到印度，或者北方的牧地。当然，这一通道促进了文化的交流。

金沙江

长江之水从源头奔流而下，流经藏区和云南。长江
的上游，乃是金沙江。

金沙江

金沙江古称"绳水""泸水"，因产矿金得名。全长 2308 米，流域面积有 49.05 万平方千米。

一通道促进了文化的交流。

因此，我们在四川省三星堆青铜时代的考古遗址中，发现了来自缅甸和泰国的乳白色象牙。同样，在云南省滇池遗址中，发现了来自北方牧地的金制品和牲畜。不同的族群，往来迁徙于这条南方通道，然后分散于西南各处。在这一大弧环地区，有三十多种不同的族群；这些族群拥有各自的文化传承和语言，包括藏缅语系和南亚语系的各种方言。

云南省高低起伏的地势，形成了饶有趣味的气候特点，山顶、山腰和山底的峡谷之间的气候大不相同。民族的多样化，与这些不同的自然条件相吻合。例如，居住在山顶的族群以青稞为主食，居住在山下峡谷地带的族群以芋类为主食，居住于山谷的村落中的居民则以稻米为主食。

当地农民开垦的梯田，是人类向自然妥协后的伟大奇迹。我曾访问云南，当地哈尼族挥汗劳作，将斜坡开发为一条条狭窄的可耕种土地，各类庄稼和蔬菜就是在

这里生长出来的。这些彩带般的梯田，犹如从天空拉下来的彩虹，覆盖于陡峭的山坡，使人油然而生敬意。

谈到宗教信仰，这里是藏传佛教、南亚的南传佛教和流行汉地的大乘佛教的中心——这些宗派或合并或独立，均可在当地发现。佛教的一支叫作觉囊派的分支，幸存于西藏与汉地之间的边区，藏匿于大山深处，其教旨在极大程度上兼收并蓄了大乘佛教和藏传佛教的理论。

由于当地丰富多样的气候特征，云南可称得上是"动植物王国"。美国的研究学者，到了此处，不禁感慨：这里就是"伊甸园"。这里是自然主义者的学习乐园，许多在别处早已绝迹的植物和动物在这里繁衍生息。第二次世界大战期间，美国空军曾将云南作为空运物资的供应基地。当人们问及该基地在哪里时，他们都会说"香格里拉"，意思是"神话般的天堂谷"。今天，云南的中甸县，已经根据这些探访者的记录，借名为"香格里拉县"。

这里自然资源丰富，盛产高价值的茶叶和药草，最近也开始供应咖啡和可可。中国大多数的药草，产自这一地区。银、铜、岩盐和其他矿物质等传统资源，使这里成为铸币业的重要物资来源地。

在这些不同的族群中，有一个族群值得一提：生活于积雪覆盖的群山臂弯中的泸沽湖区的纳西族人。纳西族是唯一一个创造了自己的东巴文字系统的少数民族，也是中国保有的母系氏族制的族群。

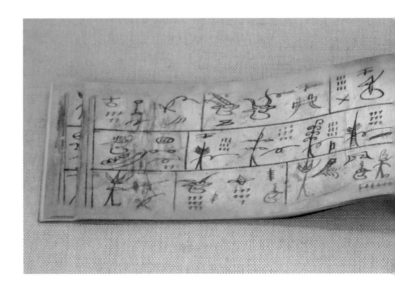

东巴文

纳西族是唯一一个创造了自己的东巴文字系统的少数民族，也是中国保有的母系氏族制的族群。

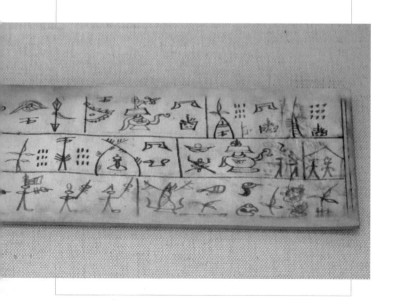

雪域、江源与高山流水

第五章

探究长江的起源，一直都是中国地理学者的梦想。经过 2000 年的探索，学者们确认了长江的源头是唐古拉山脉的融冰。这一山脉位于青藏高原东北部，青海省境内，由许多山峰组成。冰雪覆盖的高峰的融冰，形成无数细小的支流，它们汇合成小溪，最后形成了两三条小河，汇集流入金沙江。流经较低的平原后，金沙江迂回曲折，各处支流也是弯弯曲曲，因此很难界定其上游所涵盖的区域。

　　这里地形复杂，处处不同。唐古拉山脉的高峰昂首挺立，俯瞰着山下的高原、梯田和北方大草原延绵至此的大片牧地。广袤的牧地，还有许多小湖泊、沼泽，构成丰饶的草原，分布于通往蒙古高原的丝绸之路。

　　这里的藏族牧民，采用垂直放牧模式，放养牦牛和绵羊。冬天，他们在相对温暖的峡谷地带放养牲畜；到

了夏天，则在海拔较高、凉爽惬意的地方放牧。这一随季节迁移的习惯，与瑞士牧民类似。

藏族的分支羌族，居住在高山和山腰处类似城堡的石制建筑中，住所底层是羊群，顶层则由他们自己居住。类似的建筑风格也能在瑞士找到。

这里的草原上，也能看到蒙古牧民的身影，他们在这里放养马群、牛群和羊群。一些来自中亚的族群，可能也曾来到这片草地生活，成为当地蒙古族的竞争者。这里居住的汉族居民，则是转卖牧地产品的商贩，也向各地的牧民兜售汉地的商品。

想象一下，藏族低矮的黑色帐篷与可移动的白色圆顶蒙古包，如星辰般点缀于广袤的牧地，天际是皑皑雪峰：宛然一幅图画。

西藏的寺院建筑宏伟，高踞丘陵之上，是政治、经济和宗教中心，统领着周围的居民。蒙古族和藏族可能都曾是喇嘛庙的农奴，他们将奶制品和牛油上缴供养喇嘛庙。在这些寺庙附近，你会发现许多"敖包"（石块堆成的佛塔），佛教徒们绕着它们，一路步行，不断诵经、祷告。前往寺庙或圣地的朝圣者们，为了表示他们的虔诚，每走几步就"五体投地"，全身俯拜于地，周而复始。试想，不远千里，如此走下去，他们的身体需要承受多大的考验啊！

唐古拉山脉

唐古拉山脉位于青藏高原东北部，青海省境内，由许多山峰组成。冰雪覆盖的高峰的融冰，形成无数细小的支流，它们汇合成小溪，最后形成了两三条小河，汇集流入金沙江。

中国古羌城——阿坝茂县凤仪镇

藏族的分支羌族,居住在高山和山腰处类似城堡的石制建筑中,
住所底层是羊群,顶层则由他们自己居住。

寺院中敞亮的房屋里，有一些巨大的彩色唐卡，唐卡上喇嘛们身着红色或黄色的服装坐成一排，诵经祷告。

亘古由白雪覆盖的山峰高耸天际，下面是广袤苍茫的绿地，四周环绕着黝黑的山体，人类在这里显得如此渺小。长江的源头，就位于此处。

在同一地区，又有别的溪流汇集而成的水域，一路倾注到了中国的第二大河——黄河。事实上，这两条大河的源头相距不远，但是长江向南而去，黄河则背道而驰。这两条河流经之处，孕育了中华文化，中华文化在这里发芽生花，发展融合，形成了今天的中国文明。

稻米、蚕桑与丰富的物产

第六章

稻米是长江流域主要的食粮，黄河流域以黍稷为食。两种食粮的种植差异，也引发了两个流域的生态和居民生活习惯之间的重大差别。

前面，我们提到了水稻的驯化，现在我们再做稍微深入的探索。考古学证据显示，在新石器时代，长江流域中游已经种植稻米（粳稻）。最新的遗传研究和考古学证据表明，长江中游的居民在 1 万年以前，便已培育出了粳米。这种稻米在长江流域广泛种植，而在水量并不丰沛的北方，栽培南方粳米，则寥寥可数。长江流域内各地区，几乎都以稻米为主要农作物。如今，中国的稻米产量占全球的 30%。

从古至今，不论蒸煮，稻米始终是中国文化里的主要食物，是至少六成以上中国人的主食。如果别人问你"吃了吗"，他实际上问的是"你吃饭了吗"。

小麦是后来从西亚引进的，距今大概已有 5000 年历

史。尽管面制品在中国开始盛行，但在南方中国人心里，由小麦、大麦和其他谷物加工而成的食物，仍然无法与大米相提并论。

其他重要的农产品，也在中国人的日常生活中留下深刻印记。首先，不得不提的是蚕丝。蚕茧的首次考古发现，是在山西夏县西阴村的一处新石器时代遗址中。养蚕业在这一地区经过多年发展，流传到长江流域。蚕丝是家蚕吐丝的产品，家蚕的唯一的饲料是桑叶。因此，长江流域的桑树种植园，比黄河流域更为普遍。尤其在长江下游的冲积平原，几乎每户农家都有桑树，因为丝绸的收入，是食粮以外农作业的主要项目。几乎每位成年女子都要生产丝绸，为自己积攒嫁妆。

自公元 8 世纪到 20 世纪，长江上游的四川到下游的冲积平原，都成为中国丝绸的主要产区。依托于养蚕业和精细的本地针线，此地孕育出了世界范围内一枝独秀的布料生产工艺和刺绣文化。

从 4 世纪到 12 世纪，中国北方频遭侵略，战事频发，政府也摇摇欲坠，原本用来生产服装的生丝，竟成了辅助货币。因而，长江流域的农庄居然成了政府的收入来源。政府对丝绸产业课以重税，并在外贸场合上，以丝绸作为国际货币：以实物交换的贸易形式，在丝绸之路上交易国外产品。用丝绸充当货币的现象是一个转折点，自此以后，南方的丝帛增加了长江流域经济的优势力量。

该地区的其他经济作物，大部分是各种果实。中国北方的水果产品，主要包括梨、桃、枣、柿。长江流域有各种多汁的南方水果，包括柑橘、橙、柚。上述果类，至少有六个品种是在长江流域驯化和培植的。如今西方国家的超市里热销的水果，许多都源自中国：例如，柑橘、梨、橙、柚等。到了 11 世纪，宋代的"橘谱"，列举了不下 27 种柚类；同时也有诸多不同的配方，将其加工成果汁、果干和药草等各种产品。

西阴村蚕茧

新石器时代，宽约 0.9 厘米，残长约 1.2 厘米。
山西省西南部夏县西阴村出土。残蚕茧的断面平
整，表面有丝质光泽，经科学检验确认为蚕茧壳，
是中国考古最早发现的茧壳。

第七章

榫卯、斗拱与木构建筑

以新石器时代为起点，中国的北方和南方，住所的形制，各有特色。北方的黄土十分细腻，可塑性极强。居住的方式各有不同，有人在山壁或平原掘洞，过着类似穴居的生活；另有人则用"夯土法"打好地基，将泥土紧春在层层叠起的木制框架上，做成土墙。为降低建筑成本，有人则以泥土垛制成坯，入窑烧砖；或将树枝或竹枝编织成网，抹上泥巴，制成"抹灰篱笆"墙，最简单的住所用的便是这种墙。北方采用的这些泥土建筑法，都有其局限性：如果没有结实的梁柱框架，难以建造多层楼房。

在长江流域，气候温和，水源充沛，树木茂密。从高大的树林到矮小的灌木丛，木材供应，取之不尽，用之不竭。考古发掘已出土了不少新石器时代的木制房屋遗迹。建造木制房屋，必须设法让木材牢牢地结合。长

上海世博会中国馆

上海世博会中国馆是榫卯结构的现代完美运用，以斗拱为架构，以斗冠为造型，以九宫格为屋顶，古典大气，极富中国韵味。中国馆采用极富中国建筑文化元素的红色"斗冠"造型，建筑面积 53765 平方米，高 69 米。

应县木塔

应县木塔又叫"佛宫寺释迦塔"，塔高 67.31 米，平面呈八角形，是中国现存最高的一座古代木塔。木塔使用了 54 种不同的斗拱工艺，堪称木制结构建筑的奇迹。

江下游的一处有 7000 年历史的考古遗址，出土了多件木制建筑残骸，包括平台、整间房屋的废墟，以及完全由榫卯工艺打造的船坞。采用榫卯工艺时，首先要在两件木材的末端结合处凿洞，然后将另一木楔插入洞中，并垂直敲入，便可将两件木构件紧锁为一。运用如此简单的机制，无须铁钉，也能建造房屋或船舶等大型构件。从古至今，中国人将楔形锁工艺，运用到了从建筑到木制乐器等诸多领域。

另一门重要工艺称作"斗拱"（托架系统），这种工艺利用木楔，将一系列水平或倾斜的木杆固定在一根立柱上。托架之上安装了结构性的横梁，从而将所有的重量均匀地分散于立柱。泥墙或砖墙，只用来分隔空间，并不能承受建筑物的任何重量。

这门工艺年代已久，始终是大多数木制结构的主要连接机制；尤其在气候潮湿的南方，房屋通常都建造在离地面数尺、由木桩支撑的平台上。这类增高的房屋，

通常至少有两层：下面是地窖，上面是完整的房屋结构。

在南方发现的多层宝塔即用斗拱工艺建成，内部墙面由精致的砖块砌成，总体理念与现代钢筋建筑颇为相似。斗拱的使用，体现在中国建筑常有上翘的飞檐和排水系统，极具东方特色。我见过的最高的斗拱塔是一座建于 10 世纪的佛塔，这座瞭望塔有大约 20 层高。中国各地都有这种类型的高塔，大致都在宫观、寺庙中。

都江堰、灵渠与造船术

第八章

中国内陆的水路交通，除了船运本身以外，航道也必须要有所处置：一方面可以用人造运河，连通水域；另一方面，则可以用闸门或者斗门提升水面，以连通两个水域。

在此，有两个地方值得一提。一是都江堰，在前面略有陈述，此处稍做申论：公元前 4 世纪，秦蜀郡守李冰，启动都江堰灌溉工程，将长江上游的岷江，引水进入成都平原的蓄水库——都江堰，堰体及其堤岸，均由装满鹅卵石的竹筐（蛇笼）堆砌而成。巨型木材制成的水闸，以竹篾绞成长索，将几截闸门联系为一；若有一道闸门打开，即可撞击相邻的另一闸门；如此连锁反应，依次撞击，以控制闸门的开关，进而控制进入的水量。如此简单的装置，既巧妙地利用了水自身的力量，又别出心裁地运用了木结构的特性。都江堰的灌溉工程，将

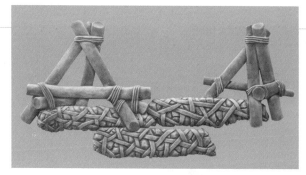

马槎，石柱笼

岷江水流分为内江、外江两个平行水路。于是，成都平原的水源，得以按照需求灌溉平原的良田。

另一个是一条高地运河——灵渠，将南方的水流，经过珠江上游的漓江，跨过南岭，引入湘江上游，最终注入洞庭湖。秦代的工程师史禄，在湘江、漓江之间开凿了灵渠。湘江、漓江上游之间的联系，则通过水库蓄

灵渠

灵渠连接着湘江和漓江的上游，跨越南方山脉高地，最终注入洞庭湖的长江支流。

水，分别派水，流入另一方。

水库中浮现出来的分界点，是一个"三角嘴"，由上百棵巨木垂直捆在一起，插入河床组成。虽然建造于公元3世纪末，这套分水装置如今仍能发挥作用，亦无须维护或更换零件；而且透过那清澈的河水，还可以看见那些巨木，依然矗立，已有1600多年，从未修补。这是一项利用自然资源，绝妙而杰出的设计。

早在公元前4世纪或5世纪时，中国人就开始利用水流驱动轮子、利用瀑布推动磨盘了。这类装置如今仍然常见，尤其是在长江中部和其他水资源丰富的地区。安装在流水边的大转轮带动齿轮转动，然后拉动传送带；传送带拉着一排水桶，从地势低的地方打水到地势高的地方，浇灌较高层的稻田。

水碓和水磨，也利用了水力。因为稻米是长江中部地区的主食，而每一粒稻谷都需要反复敲打才能去壳，水碓便应运而生。水碓还有其他用途，例如碾碎树皮、竹子和藤条，由此得到的纤维可用于造纸所用的纸浆。因为面粉直到公元 2 世纪才成为家常粮食，所以磨小麦的水磨较晚问世。水磨需要利用来自不同高度水流的流动力。

在长江中部，中国开始用内河船进行水上运输。起初只是用一堆捆在一起的树枝或竹子制成简陋的木筏，经过逐步完善和重新设计，这种筏子逐步演变成船，出现了船头、船尾和侧板（平衡板）。中国的船只一般龙骨不深，只有平坦的 U 形船底，方便运用单桨划船法在浅水中航行。这种船只的船尾有一个支点，连接着一支长长的船橹。船夫推拉橹桨，推动船只前行，以及控制航行方向。如果船身很长，则有两支橹桨，加快船只转向和前行的速度。比起单桨船，双桨船所需的操作空间大得多；但狭窄的运河实在没有足够的空间容纳，因而单桨船更具优势。

这类船只的结构，就是以上所说以桨、橹为主的操

水碓

利用水力旋转舂谷的用具。

两千料海船（模型）

郑和下西洋主要船型为一千五料海船和两千料海船。1936 年在南京下关静海寺墙壁间有碑记载，"永乐三年，将领官军乘驾两千料海船，并八橹船""永乐七年，将领官军乘驾一千五百料海船，并八橹船"。

纵结构；如果再经改造，增加能够利用风力的帆樯，就可打造大型的中国帆船。这种大船可以在大湖、大江的广阔水面航行，甚至乘风破浪，航行于大海。

从汉代开始，便有大型木制中国帆船，定期往来于中国和韩国、日本及南亚之间。15世纪，明代的郑和率领着当时世界最庞大的船队，七度穿越东南亚，进入印度洋，最终抵达东非。七次远航，出动数百条船只，参加的船员及军队总人数不下二十万。他们所采用的都是当时可谓先进的技术，包括垂直舵和多层隔水舱——这些结构，其实都早在长江流域内河和湖泊航行的船只上出现过。

我也必须提到一种用途非常广泛的材料——竹子。它被制作成屋顶、窗框和门户等各种建筑零件，乃至家具、日常用具、船舶的帆和桨，以及输送水流的管道，等等。长江流域，随处可见竹子生长：或作为庭院和花园中的景观，或作为村庄周围的篱笆和护墙，或作为堤

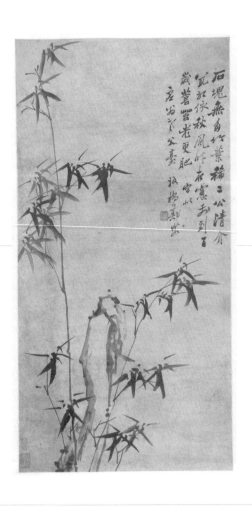

坝和河岸上土工结构的加固物。竹子的用途不胜枚举。

竹子的幼根——竹笋，还是一种美味的重要食材。高大的竹子，在南方随处可以成林。青青翠竹，随风舞动，山林之上，延绵不绝。竹竿正直而空心，也因此成为优雅和美德的象征。于是，中国文学中，竹常是诗歌和绘画的主题。

郑燮《竹石图》轴

作为正直、优雅和朴素的象征，竹子素来都是中国诗歌和绘画作品的热门主题。

例如郑燮的《竹石图》轴，画上两根细竹显得挺拔有力，葱郁而又富有生机。

思想、神灵
与创世纪

第九章

我曾在第二章中提到，黄河流域和长江流域的自然景观，有着令人瞩目的巨大差别，这两个地区的信仰也是如此。北方建立起了一套祖先崇拜制度，尤其是在商朝之后。祖先的神灵可以运用天上神仙赐予的力量，影响子孙后代的生活。

与此同时，古代文学和南方长江流域考古发现表明，南方的信仰可以说是万物有灵论，或曰"自然崇拜"。从山脉、河流到植物、动物，大自然的每个部分都有人格化的神灵化身。

在南方的民间传说中，世间到处都有各种神灵，类似西方世界所说的精灵和仙女。虽然它们生活在与人类隔离的地方，但人神世界交叠，互相影响。在中国西南部和中部山区，各地古老的族群保留了各种仪式和传说：处处可见这种思想流传的痕迹。甚至到了今日，民间的

故事中，神与人之间的爱情常是百姓歌颂、吟唱的主题，在心灵世界留下了许多情趣。

中国南方地区，有其特殊的创世传说。在北方的传说中，人类是由伏羲、女娲这一对男女联手创造的：女娲捏了一个泥人，吹口仙气赋予其生命；伏羲养育了牲口，以维持人类生存。

南方的传说则是：宇宙源自一个形似鸡蛋的"混沌"，其中含蕴了一位巨人——盘古，他顶开了"混沌"，举起轻而清的物质，形成苍穹和星辰；在其身下依附者，则是万物寄生的大地。盘古转化，他的骨骼成为山脉、丘陵，血管变为江河湖泊，毛发则成为草木及覆盖大地的植物。

这一传说，尝试解释整个大自然的形成，而不限于人间的世界。盘古传说传入北方，也为当地人接纳。时至今日，从东部沿海地区到西南山区，盘古的故事依然流传在很多民族之中。

春秋时期以后，中国北方流行儒家思想，南方奉行

龙虎山道观

道教信仰早期起源于四川和长江主要支流汉江沿岸地区，随后传播至长江流域中部，这里也是他们宣称的五座圣山所在地。江西龙虎山是道教最后的据点，在相当于教皇天师的注目下，这里矗立着世代相传的道教寺院，连绵不绝。

自然哲学，包括道家的形而上学与阴阳五行的泛灵论。当这两大系统对话时，这些哲学方法的要素，彼此渗透，融合为中国型的宇宙论和道德论。

于是，在中国人关于宇宙论和人间秩序的讨论上，上述以道德为主的儒家思想和以泛灵论为基础的道家思想，逐渐融合、相辅相成，形成中国思想的特色。

有人如此比喻：当人生壮年，他是儒家的子弟；待他老去，繁华落尽，一切归于宁静，他就皈依道家。同样，当人在顺境时，可以接受儒家积极的人生态度；当其身处逆境，则可以是淡泊的道家"信徒"。于是，在中国，道家思想提供了一个"庇护所"，让在市井生活中奔波劳累的人，得以暂时忘却尘世烦恼。至于处在人生忧愁困苦之中时，道家的境界，的确是一个值得向往的"避难所"。

以上区别，相对于欧洲的神信仰，中国人有进退自如的空间，也可以避免执着一家的偏狭。在中国与欧洲的历史背景中，上述的区别，处处可见痕迹。

公元 2 世纪，原始道家改造了道家哲学，后来建立了有组织的天师道。在公元 2 世纪到 4 世纪之间，至少有三次主要的农民起义，是由道教信徒策划、调动和组织的。当这些民间的武装反抗，最终被平定后，儒家、道家和佛家这三大信仰有混杂，也有并存。

道教有专属的神职人员及其观庙和圣地，也有自己的神界秩序，与泛灵论传说中的神灵相似。道教信仰早期起源于长江流域沿岸地区，尤其四川境内，随后传播至长江流域中部，这里也是他们宣称的五座圣山所在地。

江西龙虎山是道教据点之一，这一张天师家族的总部，矗立着世代相传的道观。道教的影响范围，涵盖传统中药、占星术、风水学，乃至占卜。根据道家学说，金、木、水、火、土这五种能量之间的相互作用，以及它们不断寻求平衡时产生的力量，就组成了我们的世界。

过去几千年的中国民间信仰，道士养生，佛家送终：这两家宗教，在中国不但不冲突，而且互补。

老君山

老君山古号景室山，因东周道家始祖老子归隐修炼于此而得
名。老君山庙宇道观群历史悠久，道教文化源远流长，自北
魏建老君庙以来，已成为中原香客朝拜中心，明万历十九年
颁赐老君山道经诏谕，封为"天下名山"。

除此以外，影响传统中国人心灵世界的神灵，不计其数，例如：灶神密切关注每个人的一言一行，并向天神报告他们的优点和缺点。

第十章

上海、长三角与黄金十年

近 200 年来，上海发挥了港口和平台的作用，帮助中国的知识分子和企业家，将现代教育、媒体和生产方法输送到中国其他地区。因为长江是中国的主要水道网络，人员和信息以下游的上海为起点，通过水路网络一路传播，先流向长江两岸，然后抵达重庆和成都。

今天，上海及其冲积平原的经济总量，占据了全中国的三分之一。如果将中游和上游地区的产量也计算在内，那么中国经济总量有一大半都源于长江地区。

现代教育也是在 19 世纪，长江流域作为经济中心时，同步兴起的。如今的中国，有大约 3000 所高校和专业培训机构，其中超过四分之三位于长江流域。这条河流，是引发现代民族主义、民权主义和民生主义思想的枢纽——也是民族革命灵感的源泉。

1911 年辛亥革命，爆发于武汉，立刻得到全国各地

上海宝山区吴淞口码头

因为长江是中国的主要水道网络，人员和信息以下游的上海为起点，通过水路网络一路传播，先流向长江两岸，然后抵达重庆和成都。

荆州沙市洋码头

"在长江流域的所见所闻，是我人生成长主要的文化泉源。遥想当年，站在沙市江边遥望南方，眼前的浩浩烟波，如同大海，日月出入其中。"如今的沙市为荆州市重要商业区和行政中心。

的积极响应，最终结束了 2000 多年的封建帝制，也为清王朝的统治画上了句号。彼时的中华民国的政权所在地，设立在长江边上的古都南京；其获得的支持，也主要来自长江冲积平原及其延伸的中部地区。因此，这两个地区，开启了中国近代建设现代国家和社会的初步工作。

1928 年至 1937 年，所谓"黄金十年"间，广东的国民革命军北伐结束、国民政府统一中国后，一个巨大的转折点出现了。1921 年，共产党成立；而到了 1949 年时，共产党才得以取代国民党，成立了新中国。

20 世纪中的共产主义革命结束后，中国其他地区方才开始发展。但现代中国的发展由长江流域发端，此后这一地区一直肩负着大部分的发展任务。在 20 世纪前半段，中国才有了近代工业的雏形。到了今天，中国各方面并步齐驱，方能将国家打造为强大的经济体和世界舞台上的大国之一。

抗战、离乱与长江今昔

第十一章

如前所述，抗战以前，父亲的工作从厦门关监督，调任荆沙关监督。荆沙关绾领荆襄，联系湘鄂，其驻地在今日沙市，是长江中上游之间的枢纽。从五六岁开始直到十三岁，我都居住在长江沿岸；后来，随父亲搬迁至长江上游的重庆，直到抗战结束，复员回家。

那段时期，正是塑造一个孩子性格的关键时期。在长江流域的所见所闻，是我人生成长主要的文化泉源。遥想当年，站在沙市江边遥望南方，眼前的浩浩烟波，如同大海，日月出入其中。夏天发大水之时，江流浩荡，几棵大树互相纠缠，起伏曲折，俨然一条大龙在江中游行。及至夜深，江流呜咽，无论如何地安静，似乎都能听见江声低沉。如此长流的呜咽声中，我可以夜夜安眠。

我到沙市那一年，正好是"九一八"后一年；之后，日本全面侵华，沙市成为战时首都重庆的门户，战事胶着，双方年年在此进退，缠斗八年。如此经历，使我不

能不觉得：战乱之中的国家，与人生的幼年记忆绑在一起，有如这浩荡江水，一辈子在记忆里、在睡梦中，不歇地呜咽。不尽江流，从三峡冲决而下，出入鄱阳湖、洞庭湖，浩荡入海。我的老家无锡，就在长江三角洲的前端。

因为日军屡次侵犯内地，发动春、夏攻势，我们都需要避其锋芒，疏散到偏远乡村，比如丹江口一带，秦岭和巴山相接的峡谷；有时候来不及，就搬到鄂北的神农架山区边缘，待上一两个月。一直到日本人的攻势失败，退兵了，我们才回到接近战线的老河口一带。

如此经历，使我得以看见极其淳朴、真实的中国农村社会的面貌。从家里可以直接走到汉水边上——我走路不便，有人用车子将我推过去；也可能有工人扶着，让我坐在牛背上，在汉水边上看着牛吃草。我的生命里，从幼年到少年，深深地刻画着长江的一切，不能忘情。

那时候的长江未经整治，还是天然河道。冲出三峡就是广大的江汉平原——一边是江，一边是湖，民间文化中所谓的"江湖"，主要就是指这一块。时至今日，我还清楚记得：住在沙洲上的江上人家，草棚就搭建于木筏之上；大水冲过来时，棚子随木筏漂起，生活如常。也有人住在土圩之中——四周是高高的防水墙，雨水季节，四面是水，土圩之中，居然生活不受影响。

如前所述，抗战复员，我们从重庆返回无锡，搭乘的海军江轮，曾经被搁浅在黄石港的沙洲——此地离苏东坡写《赤壁赋》的"赤壁"不远，在那里一住三个月。对于整个长江的印象：江水有时青碧，有时浑浊；沙洲上满眼芦草，遍地果蔬；沙鸥悠然划过，一片宁静祥和。北方黄河水泛滥，便是饥荒。长江边上，江流浩荡，却是保持富足、安详温暖，这是我一辈子的记忆。

2003 年，我应邀到岳麓书院、武汉大学讲演，也计划和太太回沙市看看。这是我盼望已久的"返乡之旅"，因为有那么多有关长江的记忆——1937 年，先祖母过太夫人在沙市过世，也埋葬在此。不巧，岳麓书院讲演完毕，我即大病。原本想重游旧地，竟然就此错过。

岳麓书院

岳麓书院在湖南长沙岳麓山下，是中国古代"四大书院"之一。为全国重点文物保护单位。今在湖南大学内，并建有书院博物馆。

　　但是，我在宜昌医疗时，还是有机会看见正在兴建的三峡大坝。自从长江被大坝拦截以后，我理解之中的长江和过去有很大不同：以前防水的"圩"不见了，长江沿岸的支流也缩小了很多，甚至于消失。我印象中，洞庭湖本来是长江流域最大的淡水湖，现在水面缩小，鄱阳却成为中国第一大淡水湖。

重庆本来是四川省会，如今成为直辖市。因为三峡大坝上游蓄水，原本险滩遍布的峡谷，居然缓水平流，航船可以直达重庆朝天门码头。同时，也出现许多以前没见过的城市——桥梁飞渡，跨越江流，犹如一道道彩虹。

50 年后的长江，不再是我记忆中的旧日景象。养病时，我住在汉口，从窗户里面看见的长江无复旧貌。新建的黄鹤楼已不在江边——这是"另外一座黄鹤楼"，"汉阳树"与"鹦鹉洲"都不知何处了。武汉三镇原本各自独立，现在被桥梁连成一片，这些都是重大的改变。

长江流域人口众多，重庆、武汉、南京都是大都市，上海就更不用说了，其繁华远胜昔日。如果将长江流域作为一个独立单位，其人口数、经济总量，就能超越世界上大多数国家——中国在发展，长江也跟着改变了。

三峡大坝建设成功以后，使得三峡航道的通行不再困难，当年蜀道艰难，今日确实是"即从巴峡穿巫峡"。

然而，也存在一定程度的隐患：三峡两岸山壁，看似陡峭，有很多石灰岩的背斜层——长期被水浸泡，难免渐渐溶解；加之大坝蓄水形成的巨大水压，若是大水渗透岩层、决堤而出，将使下游一片汪洋。假如爆发战争，敌人以核弹轰炸大坝，其后果更是不堪设想：中国最为精华的长江流域，可能就此毁于一旦。愿天上众神护佑，不要有如此巨大灾难；希望中国人以自己的智慧，防备如此灾难发生。

此外，长江从上到下，处处游鱼成群。我记得在武汉附近吃到过一种鳜鱼，刺小肉鲜：果然是"武昌鱼天下第一"。我还见过长达八九尺的长江鲟，我们称其为"小白龙"。"湖广熟，天下足"，而今日遍地大小都市，出产粮食的良田，相对减少；满江的河鲜，也因为大坝截断江流，导致有些洄游鱼类，不再有存活的机会。我不是怀旧，而是真正想提醒国人：有些建设，功过之间的衡量，不是一日，而是千秋。

长江文明
与未来中国

第十二章

将来，长江流域还有许多发展的余地。这里有中国最大的铜矿，也有相当大的铁矿储存量。今天许多高科技生产都依赖资源，尤其稀土金属是很重要的原材料，长江流域的稀土金属储量，在世界上数一数二——单单这一项目，其发展余地就不得了。

然而，今日的中国，也存在人口过度集中在大城市的问题——当然，美国、日本等很多国家，都是如此。我希望人们不必如此热衷于大都会、高楼层，而是比较均匀地分散各处。我也希望农业生产重新被重视，长江两岸，林木郁郁葱葱，良田规整有序——不是为了诗意画景，而是为了水土保持。

我非常希望，人们的工作环境、天然环境和居住环境结合，形成一个个相对独立的社区单元。几千万人聚集在大城市，人与人之间过分拥挤，却咫尺如天涯，邻

居互相支援和彼此慰藉的温暖，在高楼大厦中是找不着的。此外，还有诸多其他难以言说的困境。相较而言，我更盼望看见长江边上，小市镇、小城市星罗棋布。

我希望看见，当年养我、育我、陪伴我长大的长江，依旧温暖、柔和地抚育几亿人的生命，而不愿看见她被糟蹋、被滥用。长江流域的发展，正如世界其他任何地区的发展，我愿意看见理性的决策，而非虚荣之下的夸张。天佑长江，天佑中华。上天赐予我们如此好的自然资源，我们要珍惜。

我希望中国人，能够有智慧、有远见地发展长江，将自然资源与人文需求结合在一起——例如稀土金属资源，是非常有价值的原料，可以做成电池或高科技芯片；只是在开发过程中，要注意土地和水源的污染。如果我们温柔地对待长江，她会报以千倍万倍。

长江比尼罗河、亚马孙河、密西西比河都要好，相比欧洲的河流，河流覆盖的地区更大了不知多少倍。世界上就这么一条了不起的江，连黄河都不如她。

长江下游湖湘一带生产的米粮，可以供给半个中国使用。在过去，江南地区出产的米粮，并非经由运河北上，而是通过汉水，从沙市、老河口到襄阳、樊城运抵北方。

长江下游的庐山、黄山等地，是中国山水画和许多文学作品绝佳的题材，也是许多文人梦中的归宿之处。长江下游许多湖泊，包括故乡无锡的太湖，湖域与长江相通，包孕吴越，吞吐江海。

我盼望发展长江新时代产业时，不要污染这些天然资源；我盼望洞庭湖可以退田还湖，维持这一湖泊的水源面积。我盼望国家决策，不能一切都以货币价值来决定；而要兼顾人文背景及天然环境之间的平衡，切勿杀鸡取卵。

作为一个在江、湖边长大，已经远离长江数十年的

老人，回想前尘种种，不禁感慨万千。愿我梦中的长江，依然美好，永远抚养长江流域的国人。

谨此感谢冯俊文帮助我整理稿件，在我不能打字的情况下，这一番助力，让我心感不已。

图书在版编目（CIP）数据

长江小史 / 许倬云著 . -- 长沙 : 湖南文艺出版社，2024.5

ISBN 978-7-5726-1577-1

Ⅰ . ①长… Ⅱ . ①许… Ⅲ . ①长江流域－文化史

Ⅳ . ① K295

中国国家版本馆 CIP 数据核字（2024）第 017118 号

上架建议：畅销·历史

CHANG JIANG XIAO SHI

长江小史

著　　者：许倬云
出 版 人：陈新文
责任编辑：张子霏
监　　制：李 炜　张苗苗　文赛峰
策划编辑：文赛峰　李孟思
特约编辑：何思锦
营销支持：陈可垚　付 佳　杨 朔
版权支持：张雪珂
内文插图：视觉中国　汇图网　台北故宫博物院
装帧设计：利 锐
出　　版：湖南文艺出版社
　　　　　（长沙市雨花区东二环一段 508 号　邮编：410014）
网　　址：www.hnwy.net
印　　刷：北京中科印刷有限公司
经　　销：新华书店
开　　本：775 mm × 1120 mm　1/32
字　　数：57 千字
印　　张：4
版　　次：2024 年 5 月第 1 版
印　　次：2024 年 5 月第 1 次印刷
书　　号：ISBN 978-7-5726-1577-1
定　　价：49.80 元

若有质量问题，请致电质量监督电话：010-59096394
团购电话：010-59320018